¡Sssssshhhhhhhhhhh!

Haz del teatro algo íntimo

Llévalo siempre en el bolsillo

Cubierta y diseño editorial: Éride, Diseño Gráfico
Dirección editorial: ángel jiménez

Primera edición: octubre, 2024

El contrato / La boda
© Carmen Resino
© VdB, 2024
Espronceda, 5
28003 Madrid

VdB®

ISBN: 978-84-19850-77-5
Depósito Legal: M-22486-2024
Diseño y preimpresión: Éride, Diseño Gráfico

 Este libro protege el entorno

el contrato

la boda

Introducción

Para el presente volumen el Grupo Éride, ha reunido dos textos muy queridos por mí, *El contrato,* obra escrita entre 1972-73; y *La boda,* Premio Buero Vallejo de 2004 y escrita en el verano de ese mismo año. Pese a separarlos más de treinta años, no se aprecia «brecha generacional», pues aparte de tener en común el hecho de estar escritos para mujeres, existe entre ellos cierta similitud en concepción, estilo y estructura dramática.

El contrato es una de mis primeras obras dramáticas, escrita a principios de los setenta, cuando yo comenzaba este gran duelo con el teatro y todo me parecía bastante más sencillo de lo que es, ha sido y está siendo en realidad. Y, sin embargo, pese a ser tan temprana, supuso ya un hito en mi manera de concebir y hacer teatro; y la prueba es que no la he dejado en el olvido como otras de aquellas fechas, —*Libres en primavera, Colisión...*— que incluso se premiaron y llegaron a estrenarse. *El contrato* no es una obra de corte realista, no hay concreción de tiempo ni lugar y su lenguaje es más conceptual que coloquial, lo que le confiere un carácter universal, como universales son Nora y Jasica; tal vez por eso, la obra no ha envejecido pese al tiempo transcurrido. *El Contrato* es una obra por y para mujeres. Podía haberla hecho para hombres, ¿por qué no? pero quise que mis protagonistas fueran mujeres, las quise mujeres, tal vez porque ese muro que aparece como símbolo de ese entorno que nos condiciona y agrede, siempre fue y sigue siendo más inexorable, perturbador y alienante para nosotras que para ellos. *El Contrato* es, en definitiva, una actitud ante la vida: pelear o resignarse, lo más equivalente a morir. Y de pelear y rebelarse, nosotras sabemos bastante.

La obra permaneció totalmente inédita, hasta que Alba Muñoz, Sonia Pérez y María San Miguel, de la Compañía Teatro de la Riada, la rescataron para la escena. La obra se estrenó en Barcelona, en la Sala Antic, el 14 de noviembre de 2019. Ahora vuelven con ella a Madrid en la «XI Muestra de Creación escénica Surge Madrid», en la sala Usina, el 3 de octubre 2024, y el Grupo Éride terminó su rescate, al convertirla en libro. Mi agradecimiento a la Compañía de la Riada y al Grupo Éride.

El texto que van a leer, está tal cual salió entonces, cuando lo escribí, sin enmiendas, rectificaciones, eliminaciones o añadidos. Salió espontánea y dolorosamente limpio, y así sigue, y creo que, también, dolorosamente vigente.

La boda, Premio Buero Vallejo 2004, fue estrenada en el teatro Buero Vallejo de Guadalajara, el 24 de mayo de 2006, protagonizada por Carmen Caballero y dirigida por Mariano de Paco Serrano. Fue publicada por la Fundación Autor en el 2008 con prólogo de Virtudes Serrano, junto a una introducción mía, *Divergencia y paralelismo,* de la que he entresacado algunos párrafos:

¿Por qué *La boda?* ¿Cómo surgió? Digamos que la boda del entonces príncipe de Asturias fue el detonante, la referencia inspiradora que me sirvió como vehículo dramático. La escribí ese mismo verano de 2004 en Benicasim, durante la semana que estuve allí, y salió con una urgencia y una limpieza que a mí misma todavía me asombra. Por supuesto que en el texto el acto social no interesa como tal; sólo sirve como apoyatura y referencia, —basta, para su representación, referirse a cualquier boda— sino que se centra en un drama íntimo y humano: el rechazo de una hija hacia su madre, a quien culpabiliza de todos sus fracasos, y mientras se «prepara» para asistir a esa hipotética ceremonia, ira volcando su rencor. El conflicto, por tanto, deja de ser localista y se universaliza: LA HIJA puede ser «todas las hijas», como en *El Contrato,* Nora y Jasica pueden ser todas las mujeres.

La boda tiene un indudable paralelismo con otro de mis monólogos favoritos, *La sed,* otra

de mis primeras obras como *El Contrato*. El tremendo diálogo cerrado e imposible entre abuela y nieta también se da aquí entre madre e hija, aunque en este caso la madre no esté físicamente en escena. La hija está sola con su yo, pero poniendo como testigo a esa madre que considera principio y fin de sus desgracias. *La sed* acaba con la muerte física de la abuela, lo que rompe de manera drástica ese diálogo de sordos. En *La boda*, esa madre seguirá siendo, como permanente tortura, como infierno particular, interlocutora y referencia de todas las frustraciones de La hija. El dialogo-monólogo, será, por tanto, interminable; una especie de condena con la que la misma hija se castiga y a la que se somete.

Carmen Resino

Carmen Resino

Madrileña, licenciada en Historia por la Universidad Complutense de Madrid. Catedrática de Historia de IES. Miembro fundador y Presidenta de la Asociación «Dramaturgas Españolas», formó parte de la Junta Directiva de la asociación de Autores de Teatro. Pertenece a la Asociación Colegial de Escritores, a la Asociacion de Autores/as de Teatro, a la Liga de Mujeres Profesionales del Teatro, a la SGAE, y a la Academia de las Artes Escénicas.

Finalista de los más importantes premios teatrales como el Nacional de Literatura Dramática, Lope de Vega y Tirso de Molina, ha sido mención de honor en el Calderón de la Barca, Felipe Trigo, y ha obtenido el Palencia, Villa de Alcorcón, Premio Gijón de Gijón, Buero Vallejo, mención al mejor autor español en la Boesdaelhove de Brusellas, Gran Dama de las Artes Escénicas.

Como dramaturga cuenta con casi cincuenta títulos, publicados o representados, entre ellos, *Ulises no vuelve, Pop y patatas fritas, Los eroticos sueños de Isabel Tudor, La recepcion, La sed, Orquesta, De pelicula, La visita* y los incluídos en este volumen.

Como novelista ha publicado *Ya no hay sitio, La bóveda celeste, La muerte de B.G., El hombre que no quería hacer el amor, Amazonía, Biografía secreta de una asesina,* estas dos últimas publicadas en «éride ediciones».

CARMEN RESINO

el contrato

Esta obra se estrenó en la sala Antic, de Barcelona,
por la Compañía Teatro de la Riada, el 14 de noviembre de 2019,
interpretada por Alba Muñoz (Nora) y Sonia Pérez (Jasica)

Dirección: María San Miguel.

Personajes

NORA

JASICA

2

Jornada 1.

*Decorado tendente a la desnudez. En un extremo
del proscenio una cama y un lavabo antiguo; en
el otro una mesa con libros y objetos en desorden.
Encima, colgado, el retrato de un hombre joven.
Estos elementos, excepto el retrato, podrían su-
primirse o sustituirse por otros, pues no son, en
absoluto, condicionantes de la acción sino apo-
yaturas. Al fondo, dominando la escena, un gran
muro-espejo que convertirá el espacio escénico
en un mundo cerrado. Por situación y como esen-
cia misma del espectáculo deberá asumir gran
protagonismo. Este muro-pared, no tendrá aspecto unitario sino que estará formado por módulos semejantes a sillares y que podrán desmon-
tarse con facilidad. En esta compartimentación
de espejos, las protagonistas se reflejarán de múl-
tiples formas, aunque ellas nunca los verán como
tales sino como obstáculo. Por supuesto que el
espejo puede ser reemplazado por otros mate-
riales con superficies pulidas que reflejen y per-
mitan análogas posibilidades, pues la capta-
ción fiel de las imágenes no es esencial y si se
tiende a un espectáculo con connotaciones ex-
presionistas, la deformación puede ser aconse-
jable. En escena* NORA *y* JASICA, *mujeres jóve-
nes todavía.* NORA *dará una impresión dócil y
doméstica mientras que* JASICA *parecerá fuerte*

y dominante. Al comenzar la acción NORA *se encuentra subida a una escalera portátil que la sitúa en la parte superior del muro, y con enorme paciencia, intenta separar uno de los módulos.* JASICA, *indiferente a la tarea lee recostada en la cama; de vez en cuando, bebe directamente de una botella.*

NORA   Ya parece que se abre un poquito.

            (*Se limpia el sudor.*)

JASICA   (*Con enorme desinterés.*) Conseguirás que se hunda la casa y nos veamos en la calle, sin indemnización además.

NORA   ¿Crees que por ser rica se arreglan todos los problemas? (*Breve silencio.* JASICA *no contesta.*) Si me ayudaras, podíamos acabar hoy con el tabique.

JASICA   No es posible que te corra tanta prisa. Llevamos treinta años con él enterito.

NORA   (*Reflexiva.*) ¡Treinta! ¡Se dice pronto!

JASICA   Y se vive pronto, también.

NORA   Anda, ayúdame: coge un punzón, lo que sea...

JASICA   No. Me aburro de lo mismo.

NORA   (*Bajando de la escalera.*) Pero... hay que trabajar.

JASICA   ¿Para qué?

NORA   Hemos pasado demasiados años con ese tabique de por medio.

JASICA   Podríamos seguir otros tantos hasta que reventáramos.

NORA   (*Yendo hacia* JASICA.) No te comprendo.

JASICA   Mejor. En muchas cuestiones es preferible no profundizar.

           (*Breve pausa.*)

NORA   (*Sentándose junto a* JASICA.) ¡Estamos tan solas! Ni siquiera viene el casero...

JASICA   Cuando venga será para echarnos.

NORA   ¿Tú crees?

JASICA   (*Levantándose.*) ¿Es que no lo sabes? Venga, vuelve a tu sitio, ¡y sigue trabajando!

NORA   (*Desmoralizada.*) A veces me convenzo de que es perder el tiempo y si pudiera, taparía definitivamente ese agujerito que hemos hecho.

JASICA   (*Amenazante.*) ¡Ni se te ocurra!

NORA   Tú misma acabas de decir que no conduce a nada...

JASICA ¡No me gusta volverme atrás!

NORA   (*Tras* JASICA.) Acuérdate, todos nos dijeron que tenía que seguir intacto. Nos lo pusieron como condición para poder vivir aquí. Fue una de las cláusulas del contrato. (*Pausa. Va hacia la mesa, abre los cajones, busca nerviosamente y enseña un papel a* JASICA.) Toma, lee, está aquí... (*Leyendo.*) Si alguno de los usuarios...

JASICA (*Cortándola violentamente.*) ¡No me interesa!

NORA   ¡Pero nos echarán a la calle y no tendremos dónde ir! (*Transición. Ilusionada por la nueva idea.*) Claro que quizás podamos recomponerlo después. ¿Qué te parece?

JASICA No.

NORA   (*Rebuscando en otro cajón, sacando dinero y enseñándoselo.*) Mira, tengo bastante dinero para repararlo.

JASICA No.

NORA   (*Irritada.*) ¿Por qué contigo siempre tiene que ser sí o no?

JASICA El sí y el no están para aceptar o para rechazar. Lo demás sobra.

NORA   No estoy de acuerdo. (*Con nueva ensoñación y mirando el cuadro del hombre.*) ¿Y las palabras de amor?

JASICA   También sobra. ¿Te ha servido para tu amor toda la palabrería? (NORA *se apabulla.*) Pues esto es lo mismo: nadie puede disimular una pared venida abajo.

NORA   Si lo hacemos bien...

JASICA   No. Yo no podría disimular. Ni vivir aquí. Y diría a todos que nos han engañado.

NORA   Engañado, ¿por qué?

JASICA   Porque nos han quitado un trozo de habitación, gran parte de la casa, y encima lo hemos aceptado de buen grado. Y eso es lo grave.

NORA   Pero ¿por qué es lo grave?

JASICA   Porque te roban y lo agradeces. (*Va hacia donde se encuentra el lavabo, echa agua en la palangana y se sienta.*) ... Pero ya hablaremos de esto mañana.

     (*Se quita los zapatos.*)

NORA   (*Suplicante.*) Escucha un momento.

JASICA   No quiero escuchar nada más.

NORA   Por favor...

JASICA   Si has esperado tantos años bien puedes hacerlo hasta mañana.

NORA   (*Nerviosa, dudando.*) Es que... empiezo a encontrarme sola.

JASICA   (*Metiendo los pies en el barreño.*) Hay que acostumbrarse.

NORA   Y... ¡tengo miedo!

JASICA   También hay que acostumbrarse.

NORA   ¿Tú nunca lo tienes?

JASICA   (*Para sí.*) ¿Cómo no tenerlo en este mundo?

NORA   (*Sentándose a sus pies.*) Te aseguro que cuando me pongo a pensar me corre un sudor frío.

JASICA   No pienses entonces. (*Se relaja.*) Y déjame tranquila.

NORA   (*Zarandeándola.*) ¡No puedes rajarte! ¡Tenemos que destruirlo esta misma noche! ¡Júrame que no te vas a ir a dormir!

JASICA   (*Con enorme fastidio.*) ¡Por supuesto que iré a dormir! Y tú seguirás trabajando: es tu turno.

NORA   ¿Y cómo sabré que sigues viva mientras traba-
            jo? Dime de vez en cuando que estás ahí, o res-
            pira fuerte para saber que no te has muerto.

JASICA   (*Con indulgencia.*) Descuida: no me moriré.

NORA   Si me quedara sin ti no sería capaz de abrir ni
            un centímetro más.

JASICA   Serías capaz. Además, ¿por qué voy a morir-
            me si me encuentro perfectamente?

NORA   (*Muy nerviosa.*) ¡Pero yo necesito saber que
            estás aquí! ¿Y cómo saberlo si no dices nada,
            si todo está en silencio?

JASICA   Por el olor. Los muertos, que yo sepa, huelen.

            (*Silencio.* NORA *va hacia el muro descorazona-
            da.*)

NORA   ¿Te soy sincera? Tengo la impresión de que
            no piensas ayudarme. Y, es más, te irás de
            aquí cualquier día y en cualquier momento.

JASICA   (*Levantándose sin sacar los pies de la palanga-
            na.*) ¿Por qué dices eso, estúpida? ¡Soy de las
            dos la que más trabaja, la que te da tila cuan-
            do te pones nerviosa, la que te cuida cuando
            enfermas, cosa que sucede cada dos por tres,
            que no sé de qué te vale el corpachón que dios
            te ha dado! (*Rectificando.*) Bueno, tus padres,

que no creo que dios influya en esas cosas, y puede que en ninguna.

(*Se sienta nuevamente con aire mayestático.*)

NORA Si me pongo enferma es porque no soporto estar aquí encerrada. (*Pausa. Va hacia* JASICA. *La abraza.*) Mira Jasica, he pensado que a lo mejor al otro lado del muro está el sol; un sol diferente al que vemos, tan estropeado...

JASICA No te hagas ilusiones por si acaso.

NORA Entonces, ¿por qué este empeño?

JASICA Ningún ser humano puede tener ante sí algo desconocido y quedarse como está. (*Breve pausa.*) Venga, sigue abriendo brecha.

NORA Contigo se me quitan las ganas, no estimulas en absoluto.

JASICA (*Sacando los pies del agua y secándoselos con indiferencia.*) ¿Qué quieres que te diga que vas a hallar? ¿Un tesoro? ¿La solución de tu vida? ... ¿Un hombre, por lo menos? (*Casi para sí.*) Quizás nada.

NORA Algo tiene que haber.

JASICA ¡Pues adelante!

NORA   (*Con rebeldía.*) ¡No! ¡He estado arañando esa asquerosa pared todo el día! (*Pausa. Acobardándose.*) Además, me duele esta pierna.

(*Se arroja al suelo quejándose.*)

JASICA   (*Ásperamente.*) No pongas pretextos.

NORA   Es cierto, la tengo hinchada. Toca (JASICA *se inclina y toca la pierna con escepticismo.*) Con cuidado, que me haces daño.

JASICA   (*Incorporándose.*) No es nada.

NORA   Puedo tenerla astillada. Acuérdate que hace unas horas me caí cuando intenté abrir brecha por arriba.

JASICA   No es nada, tu reúma de siempre.

(JASICA *saca un espejito y se peina con coquetería. Está hermosa, se ve hermosa.*)

NORA   Es un dolor más fuerte que el normal. Si sigo así no podremos continuar en unos días.

JASICA   (*Sin mirarla.*) Tienes miedo, Nora. Hace días fue el brazo izquierdo, luego el derecho... Ahora es la pierna izquierda...

NORA   (*Levantándose brusca.*) ¡La derecha!

(*Le ofende la despreocupación de* JASICA.)

JASICA   Bueno, luego será la izquierda. (*Volviéndose a ella.*) ¡Basta! ¡Lo harás con los dientes si es preciso!

(*Sigue peinándose, recreándose en su belleza.*)

NORA   (*Con enfado.*) ¿Quieres dejar de peinarte? ¡No viene nadie! ¡Nunca viene nadie!

JASICA   ¡Calla! ¡He dicho que lo harás con los dientes!

NORA   (*Gimoteando.*) ¡Si al menos tuviéramos unas herramientas como es debido!...

JASICA   Quizás sea mejor así, con las dificultades, se nos pasa el tiempo sin darnos cuenta.

NORA   Y la vida... (*Breve pausa.*) ¿ No te das cuenta? ¡Se nos pasa la vida! Y después nos moriremos. ¿Por qué morir, Jasica?

JASICA   Es una obligación más.

NORA   ¿Qué se sentirá?

JASICA   Seguramente lo mismo que al nacer, pero de un modo inverso.

(*Silencio breve.*)

NORA   Te aseguro que no sé cómo me he metido en
          esto. Lo heredaría de mi padre que nunca de-
          jaba nada quieto.

JASICA   Yo de mi madre, murió en la brecha.

NORA   (*Asustada.*) No sería en esta.

JASICA   Hay muchas brechas, Nora. Claro que todas
          se parecen. (*Echando a* NORA *sobre la cama.*)
          Anda, descansa cuanto quieras...

          (*La cubre con la colcha.*)

NORA   Solamente un poquito, lo justo para rehacer-
          me... pero tienes que prometerme que conti-
          nuaremos mañana con más ánimos que nun-
          ca... Y si no tengo ganas te doy permiso para
          que me pegues. ¿Lo harás? (JASICA *afirma de
          forma rutinaria.*) Lo dices por decir. (*Se incor-
          pora.*) Mejor será no dejarlo. No sabemos lo
          que sucederá mañana.

JASICA   (*Sentándola de nuevo.*) Nada, no sucederá
          nada... (*Casi para sí.*) Nunca sucede nada.

          (*Se apagarán poco a poco las luces.*)

Jornada 2.

Misma decoración. JASICA *está en la cama.* NORA *la zarandea violentamente. En el muro de espejos falta algún recuadro ofreciendo un aspecto incompleto.*

NORA   ¡Despierta! ¿Me oyes? ¡Tienes que despertar! ¡Respira, por dios, respira!

JASICA   (*Con sobresalto.*) ¿Se puede saber qué te pasa?

NORA   Me asusté, ¡estabas tan quieta!

JASICA   ¿Por qué tenía que moverme? (*Se levanta perezosa.*) Desde luego te ha entrado una obsesión...

NORA   ¡Me quedaría tan sola! (*Breve pausa. Yendo hacia el retrato del hombre y en plan evocador.*) ¡Si al menos tuviera a Héctor!

JASICA   (*Mirando el retrato con fastidio.*) ¿Ya estás acordándote de él?

NORA   ¿Por qué no? Era bueno y me quería.

JASICA   No lo bastante.

(Enciende un cigarrillo.)

NORA   *(Tras* JASICA.*)* ¿De qué? ¿De bueno o de que-
              rerme?

JASICA   De las dos cosas.

NORA   Me quería. Lo sé. Tuve mala suerte, se lo lle-
              vó la riada.

JASICA   *(Agresiva.)* ¡Qué tonterías estás diciendo! Sa-
              bes de sobra que te abandonó.

NORA   No, no. Se lo llevó la riada hace ya muchos
              años.

JASICA   *(Sujetando a* NORA.*)* ¡Mientes! Sabes que nun-
              ca hubo riada.

NORA   ... O moriría en un accidente. *(Volviéndose
              al retrato y como buscando su aprobación.)* Sí,
              es muy probable que eso sucediera.

JASICA   *(Volviendo a* NORA *hacia sí y diciéndole cruel-
              mente.)* ¡Te abandonó! ¡Te abandonó! ¡Acép-
              talo de una vez!

NORA   *(Con rencor y chillando.)* ¡Estás celosa: eso es
              lo que te pasa! ¡Estás celosa!

JASICA   ¡Basta! ¿Por qué no has de admitirlo?

              (Silencio.)

NORA   (*Llorando.*) ¡No es fácil, te aseguro que no es fácil, te lo aseguro... También se llevó al niño... ¡Mi pobre pequeño!

JASICA   No lloriquees más.

NORA   Fue cruel, demasiado cruel... (*Va hacia el retrato y lo amenaza con la mano.*) ¿Por qué lo hiciste, por qué te lo llevaste? ¡Te odio, te odio! (*Llora. Breve pausa.*) ¡Si no me hubiera metido en este lío no me habría abandonado!

JASICA   Alguien se tiene que meter. Y sufrir.

NORA   (*Furiosa hacia* JASICA.) ¡Calla! ¡No hables de sufrir porque no sabes lo que es eso! No has tenido hijos.

JASICA   ¿Es que solo se sufre por los hijos?

NORA   No crees en la maternidad, nunca creíste.

JASICA   ¿Y para decirme estas simplezas me has despertado?

NORA   Era un silencio demasiado espeso y me acordaba del niño.

JASICA   No hagamos literatura: lloraste treinta noches seguidas cuando te enteraste de que lo habías engendrado.

NORA   No. Es que me encontraba mal y vomitaba. Vo-
          mitaba mucho... Pero luego lo quise, lo quería.

JASICA   ¡Lo aceptaste!, nada más. Como todas las co-
          sas que decimos querer.

NORA   ¡No, no! ¡Lo quería!

JASICA   ¡Lo aceptaste! ¡Reconócelo!

NORA   ¡Bien, sí, lo acepté! (*Transición.* JASICA *se tum-
          ba en la cama.* NORA *va hacia el retrato y lo
          mira. Es una mirada en la que se entremezclan
          el odio y el amor. Pasando a otra idea y yendo
          hacia* JASICA *con vocecita despreocupada.*) ¿Sa-
          bes una cosa? (*Adquiere un tono de malicioso
          secreto.*) Me ha parecido ver al casero...

JASICA   (*Incorporándose bruscamente.*) ¿Tan tempra-
          no?

          (*Va hacia la parte del proscenio más cercana al
          espectador y hace como si mirara por una ven-
          tana.*)

NORA   (*Tras ella y mirando también.*) Rondaba la ca-
          lle. Daba vueltas y vueltas a la manzana.

JASICA   (*Apartándose.*) Pudo ser otro cualquiera. ¿Por
          qué tenía que ser el casero?

NORA   (*Como transfigurada.*) ... O Héctor.

JASICA   No pienses más en él, era un pobre de espíritu.

NORA   (*Desafiante.*) ¿Por qué?

JASICA   Nunca entendía nada.

NORA   Tus insinuaciones, querrás decir.

JASICA   (*Despectiva.*) ¿Piensas que andaba tras él?

NORA   A veces te sorprendo mirando su retrato. Lo miras y lo miras…

JASICA   Te equivocas. Pienso dónde lo pondría para que no estorbe.

NORA   (*En su idea y celosa.*) Quisiste arrebatármelo y por tu culpa se marchó.

JASICA   Nadie se marcha si no quiere pero él lo estaba deseando.

NORA   ¡Porque tú lo acosabas con que tenía que derribar el muro, y con otras cosas que me callo!

JASICA   (*Irónica.*) ¡Qué descubrimiento más interesante! ¿Te contaba él lo que yo le decía?

NORA   ¡Sí! ¡Hasta el último instante quiso salvar lo nuestro! (*Breve pausa. En un tono más evocador.*) Me decía con gran paciencia: mira, Nora, todavía estamos a tiempo, no permitas que nada nos separe... (*Pausa. Nuevamente con rabia a* JASICA.) Te duele, ¿eh? ¡Te duele que quisiera reconciliarse!

JASICA   (*Acusadora.*) Entonces, ¿por qué no le abriste los brazos?

NORA   Estaba fuera de mí, envenenada por tus ideas: por eso le dije que me quedaba. Entonces él cogió al niño y se marchó. (*Pausa. Ahoga un sollozo.*) No ha vuelto. Estoy segura de que no vuelve.

JASICA   Mejor. Así no nos pelearemos por él.

NORA   (*Lanzándose sobre* JASICA.) ¡Bruja, bruja asquerosa! (NORA *intenta pegar, arañar. Las dos ruedan por el suelo.* JASICA *para la agresión; ríe sabiéndose dominadora hasta que* NORA *no tiene más remedio que parar y jadear vencida. Transición.*) ¿Por qué dices que tu madre murió en la brecha?

JASICA   (*Levantándose.*) Porque es verdad. Vivió veinte años con un imbécil y un día se hartó.

NORA   (*Con curiosidad y levantándose.*) ¿Qué pasó ese día?

JASICA   Nada. Fue como tantos otros. O mejor. Los días peores son los que preceden al que se dice basta. (*Va hacia la mesa. Saca una cafetera y unas tazas.*) A mí me dijeron que nos había abandonado. Como era todavía una niña me quedé, pero luego me marché con ella. La ayudé a morir. Él la trató como a un perro aunque estaba podrido de dinero. Yo tuve que entramparme para el entierro, pues no tenía un céntimo para meterla bajo tierra.

(*Breve silencio. Se sirve de la cafetera.*)

NORA   Y a tu marido, ¿por qué lo dejaste?

JASICA   (*Después de una pausa y de beber.*) Era otro imbécil. (*Para sí.*) Yo también moriré como madre, con la angustia comiéndome el estómago.

NORA   ¿Y si le pidieras perdón?

JASICA   ¿Perdón? ¿Perdón, a quién?

NORA   A tu marido. Como lo abandonaste...

JASICA   (*Pausa.* JASICA *bebe. Para sí.*) También él nos ha abandonado.

NORA   ¿Qué él?

JASICA   Dios. (*Breve silencio. Se toma el café de un trago. Cambiando de tono. Con resolución.*) Anda, sigamos un poco. (*Coge una taza, sirve y se la ofrece a* NORA.) Pero antes, tómate un café.

(*Congelación de escena.*)

Jornada 3.

Sin variaciones en la decoración. JASICA, *subida en la escalera está intentando desmontar uno de los paneles del muro en el que cada vez faltan más elementos.* NORA *en el suelo, se queja.*

NORA No puedo más. Mis piernas están imposibles. Las dos. Y no digamos los brazos. Creo que voy a quedarme paralítica.

JASICA Anda, sigue, ya nos falta menos.

NORA No puedo.

JASICA ¿Y tú eres la que anda metiendo bulla con el casero? Imagínate que viene y esto sigue igual.

NORA Lo sensato sería abandonar.

JASICA ¡No seas estúpida! Después del tiempo que hemos perdido.

NORA (*Suplicante.*) Aún nos queda la vida.

JASICA ¿Y qué? Después de esto no nos serviría para nada.

NORA   Al menos, preocúpate de mi salud.

JASICA   La tienes magnífica.

(*Todo esto sin dejar de trabajar.*)

NORA   Eso lo dices para animarme que de sobra sé cómo estoy. (JASICA *sigue con sus afanes sin prestar atención. Provocándola.*) A veces me pregunto si eres una mujer. Nunca te he visto llorar. No tienes entrañas. Estoy segura de que ni siquiera te enamoraste una sola vez.

JASICA   (*Volviéndose ligeramente a* NORA *y en tono condescendiente.*) ¿Acaso no te quiero? ¿No me preocupo por ti?

NORA   No se nota en absoluto y además, esto nuestro es diferente.

JASICA   (*Parando de trabajar.*) ¿Por qué es diferente? Es amor.

NORA   (*Furiosa moviendo la escalera.*) ¿Lo ves como no tienes sentido exacto de las cosas? (*Pausa. Con ensoñación.*) Me gustaría que apareciera Héctor...

JASICA   (*Bajando de la escalera agresiva.*) ¿Por qué él? ¡Te da lo mismo uno que otro!

NORA   (*Retrocediendo.*) No es verdad.

JASICA   ¡No tienes por qué disimular delante de mí! ¡Eres una zorra, una asquerosa puta, siempre olisqueando por la ventana!

NORA   ¡Sí! ¡Lo echo de menos! ¡A él y a todos! ¡Estoy harta de esta soledad! Si tuviéramos un hombre aquí las cosas irían mucho mejor.

JASICA   Te equivocas, nos habríamos devorado ya.

NORA   No eres una mujer, sino una fiera.

JASICA   (*Mira a* NORA *por un momento con furia y desdén; luego, quizás pensando que la cuestión no merece un enfado, cambia su expresión para asumir otra de complicidad y confidencia.*) Te equivocas conmigo, también tengo mis debilidades... (*Se tumba en la cama con dejadez.*) ¿Sabes? A veces sueño con el casero...

NORA   (*Acercándose a* JASICA, *divertida y ansiosa.*) ¿Tú también? ¿Es posible? (JASICA *afirma.*) ¿Y cómo lo ves?

JASICA   Pálido, con las mejillas hundidas y los ojos tiernos, de adolescente, pero la voz de macho.

NORA   Te equivocas de medio a medio: es alto, rubio, atlético...

JASICA   ¡Qué vulgar eres para los hombres!

NORA   ¡Te juro que es así! ¡Estoy harta de verlo por la ventana! (*Breve pausa. Casi sin atreverse.*) ¿Qué te parecería si lo invitáramos?

JASICA   (*Poniéndose violentamente en pie.*) ¿Estás loca? Nos echaría a la calle.

NORA   A lo mejor, con un poco de suerte, se hace amigo nuestro.

JASICA   Tanto peor, entonces nos convencería de que no deberíamos seguir. (*Ante el gesto suplicante de* NORA.) ¡Te digo que no! Además, no es tan guapo.

NORA   (*Chillando.*) ¡Pero es un hombre! (*Llora.*) No puedo más, no puedo más.

JASICA   (*Zarandeándola.*) ¡Tienes que poder!, ¿me oyes? ¡Tienes que poder!

NORA   ¡Tú tuviste la culpa de que él se marchara! ¡Tú siempre tienes la culpa! ¡Héctor sí era atlético y rubio!

JASICA   Pero te abandonó, como te abandonaría este, como te abandonarán todos... Yo soy la única que no te ha abandonado, ¿comprendes, Nora? ¡La única!

NORA   Eres una víbora embaucadora. Tengo derecho a vivir y todavía estoy a tiempo de arreglar las cosas.

JASICA   (*Soltándola con brusquedad.*) ¡Allá tú! ¡Vete de una vez! Me basto y me sobro yo sola para derribar mil muros como este. (*Pausa.* NORA *no se mueve.*) ¡Vete! ¿A qué esperas? ¡He dicho que te vayas! (*Después de un momento de duda,* NORA *se encamina hacia el lateral.* JASICA *entonces se precipita hacia ella y la sujeta. Con nerviosismo y cambiando completamente el tono.*) No me digas que no sabes aguantar una broma... ¿De veras serías capaz? (*Casi suplicante.*) No puedes dejarme sola...

NORA   (*Desprendiéndose.*) Dijiste que te bastabas.

JASICA   Además, ¿dónde vas a ir? Tampoco encontrarías a Héctor... se habrá ido con otra.

NORA   ¡Mentira! Me necesita. (*Con complacencia malsana.*) Ayer recibí una carta suya.

JASICA   ¡No es cierto! Dámela.

NORA   No tengo por qué dártela, es mía.

JASICA   ¡He dicho que me la des!

(*Forcejean.*)

NORA   ¡No quiero, no quiero!

JASICA   ¡Eres una sucia ramera!

NORA   ¿Ramera? ¿Ramera yo?

(Intenta abofetearla.)

JASICA   Solo piensas en los hombres.

NORA   ¡Estoy viva, estoy viva y me voy!

(Va hacia el lateral con resolución, arrastrando a JASICA *que la agarra de la ropa.)*

JASICA   (*Suplicando.*) ¡Por favor, no te vayas!

NORA   ¡Confiesa tus culpas y pídeme perdón!

JASICA   (*Muy deprisa y reteniéndola.*) Perdón, perdóname.

NORA   No es bastante. Me tratas mal. Obras como si te perteneciera. Te aprovechas de mi cobardía.

JASICA   No volverá a pasar, te cuidaré, te miraré las piernas y te daré masajes.

NORA   No es bastante.

JASICA   ¿Qué más quieres, demonio?

NORA   Tienes que invitar al casero.

JASICA   De acuerdo. Pero antes, dame la carta.

NORA   (*Apretándose el escote.*) No.

JASICA	(*Arremetiendo contra ella.*) ¡He dicho que me la des!
NORA	(*Lloriqueando y defendiéndose.*) No. ¡Trabajaré, me humillaré, pero no pienso dártela, es mía!
JASICA	(*Exasperada.*) ¡Dámela, quítame las manos de encima, idiota!
NORA	(*Llorando.*) ¡No, no, no!

(JASICA *le pega con fuerza.* NORA *llora pero sin dejar que se la arrebate.* JASICA, *en su lucha, le rasga el vestido.*)

JASICA	¡No llores! ¡Parece mentira que tengas la edad que tienes! (NORA *llora casi de forma animal.*) ¡He dicho que no llores!

(*La abofetea.*)

NORA	No me pegues más.
JASICA	¡Estás conspirando para dejarme sola, estás conspirando para abandonarme, puta de los infiernos!
NORA	No me pegues más.

(*Es casi un lamento.*)

JASICA	(*Dominante sobre* NORA.) Dame la carta.

NORA   No puedo.

JASICA   ¿Por qué?... ¿Dice acaso cuándo va a venir a
            buscarte? ¿Es que piensas dejarme sola ante
            las iras del casero?... Las dos hicimos el con-
            trato y las dos daremos la cara. (*La zarandea.*
            NORA *lloriquea de forma estúpida.*) ¿Por qué,
            por qué no me la das?

NORA   (*Con gran desconsuelo.*) ¿No lo comprendes?
            ¡No tengo ninguna carta! ¡Ninguna! ¡Nadie
            se acuerda de nosotras!

            (*Se apagan las luces.*)

Jornada 4.

Misma decoración. El espejo, eso sí, ha perdido sus antiguas proporciones y algunos de sus elementos están esparcidos por la escena. Jasica *está sentada junto a él como descansando y* Nora *va de un lado a otra haciendo tareas domésticas. Limpia el polvo y prepara un florero con parsimonia.* Jasica *la observa con extrañeza.*

JASICA   Pero, ¿qué haces ahora?

NORA   Organizo mi florero. Quiero tener flores.

JASICA   ¿Para qué si esta no es una casa como todas las demás?

NORA   ¿Y por qué no va a serlo? ¡Vivimos en ella!

JASICA   ¡Que vivimos dice! Estamos aprendiendo a vivir, estúpida. Deja las flores para cuando sepamos.

NORA   (*Pasando por alto el tono de* JASICA.) Hay que arreglar la casa. Podemos tener visita.

JASICA   No sé de quién.

NORA   (*Maliciosa.*) ¿De veras no lo averiguas?... (*Con ligero temor.*) Por cierto, el casero estuvo aquí esta mañana...

JASICA   (*Levantándose y yendo hacia* NORA.) ¡Y me lo dices así, con esa tranquilidad!

NORA   Y es más, tomó una taza de café.

JASICA   ¿Por qué no me avisaste?

NORA   (*Recelosa.*) Estabas muy ocupada en el baño aseándote para no sé quién... Desde luego fue una lástima que no pudieras verlo. Estuvo muy amable, incluso (*Ríe nerviosa.*) me dio un pellizquito en un momento de descuido.

JASICA   No me saques de quicio.

NORA   ...Y me ha prometido volver más asiduamente. Nota curiosa: tiene un ojo de cada color.

JASICA   Justo para mirar las cosas según le conviene. Dime, ¿se dio cuenta? (NORA *parece no saber a qué se refiere* JASICA.) ¡Contesta, idiota! (*Señalando el muro.*) ¿Se dio cuenta de que lo estamos destruyendo?

NORA   (*Acobardada.*) Me preguntó por la escalera y los martillos.

JASICA   ¿Y qué le contestaste?

NORA   Que íbamos a colgar el retrato de nuestros an-
        tepasados. (*Intentando sonreír.*) La idea le pa-
        reció muy bien.

JASICA ¡Imbécil! ¡Lo has estropeado todo! Ahora nos
        echará. (*Con resolución.*) Venga, trabaja, déja-
        te de flores. (*Tira el florero al suelo.*) Hay que
        terminarlo antes de que nos echen. (NORA *se
        queda quieta.*) ¿No me oyes?

NORA   (*Armándose de valor.*) Se acabó, Jasica. Me
        duelen las manos de arañar esa horrible pa-
        red. Esto se ha terminado. Quiero organizar
        mi casa, vivir como todo el mundo. Me mar-
        cho. Recogeré mis cosas.

        (*Lo ha dicho con tanta firmeza y serenidad que
        JASICA se ha quedado sin capacidad de reacción.
        Recogerá el florero, las flores, la foto de Héctor
        y alguna otra cosa de los cajones de la mesa. Hará
        con todo ello, calmosamente, un hato, bajo la ob-
        servación extrañada y anhelante de JASICA.*)

NORA   Es curioso, después de tantos años no tengo
        apenas nada mío.

JASICA La piel, los huesos, un cerebro y sangre, ¿qué
        más quieres?

NORA   (*Yendo hacia el lateral.*) Adiós, Jasica. Que ten-
        gas suerte. Lo siento, no he sido capaz.

        (*Sale. Se hará un silencio.*)

JASICA   (*Intentando tomarlo a broma.*) ¡Y yo que creí haberme levantado con buen pie esta mañana! (*Breve pausa. Con creciente rencor.*) ¡Estúpida de mierda!

(*Se apagan las luces.*)

Jornada 5.

Misma decoración. La pared-espejo sin varia-
ciones respecto a la jornada anterior. En el lu-
gar del retrato de Héctor, el póster de un actor
famoso con un cartel debajo en el que se lee con
grandes titulares «Héctor». JASICA *se encuentra*
en la cama, de espaldas al espectador. A su lado,
caída, una botella. Todo dará impresión de aban-
dono. Transcurrido un tiempo entrará NORA*. Vol-*
verá con lo que se fue, el hatillo y el retrato de
Héctor, pero con nuevas energías.

JASICA   (*Con su modorra etílica.*) ¿Quién es?

NORA   (*Sacando las cosas del hatillo y guardándolas*
donde antes.) Nora, soy Nora.

JASICA   (*Volviéndose hacia ella.*) ¿Y qué haces aquí?
¿No te habías marchado?

NORA   ¿Cómo te iba a dejar? El contrato lo hicimos
las dos y las dos desafiaremos al casero.

(*Se pone a colgar el retrato de Héctor.*)

JASICA   (*Incorporándose pesadamente.*) ¡Vete, no quiero
que te quedes! Perdiste el sitio. Él, (*señalando*

el retrato.) él también. He pasado unos días felices que no pienso perder... Me he convencido de que he sido una estúpida y no quiero que me recuerdes años estúpidos. (*Se pone en pie sobre la cama.*) ¡Vete y quita ese asqueroso retrato de mi vista! ¡Estoy harta de que presida todos mis movimientos! ¡Quítalo y lárgate de una vez!

NORA (*Sigue colocándolo. Con condescendencia.*) Le has echado de menos tanto como a mí.

JASICA ¡Mentira! He vivido en la gloria, si es que la gloria existe. Tú, en cambio, no has tenido dónde meterte. Por eso has vuelto, nada más que por eso. ¿Qué pensabas?... ¿Que te iban a brindar un palacio?

NORA ¡Cállate inútil! ¿Qué has hecho desde que me fui? ¡Beber y mirar por esa ventana como si lo viera!

JASICA (*Cayendo perezosamente sobre la cama.*) He decidido no trabajar más. Sí, no me mires con esa cara. (*Breve pausa. En tono más humilde y ligeramente quejumbroso.*) Además, me duelen las piernas.

NORA Sugestiones, nunca te dolieron.

JASICA No eran sugestiones cuando se trataba de ti.

NORA   (*Pasando por alto las observaciones de* JASICA.) Hay que terminar lo que se ha empezado. (*Con resolución y arrastrando a* JASICA *hasta el lavabo.*) ¡Venga, a trabajar! ¡Sacúdete la tea que tienes encima!

(*Le mete la cabeza dentro del lavabo.* JASICA *se defiende furiosa salpicándolo todo.*)

JASICA   ¡Déjame, perra asquerosa! (*Se tira al suelo con el pelo chorreante, pero* NORA *la arrastra por los brazos.*) ¿Por qué has vuelto, por qué tuviste que volver? (*Forcejeo. En este momento sonará el timbre de la puerta potente, agudo, congelando instantáneamente la acción.* NORA *y* JASICA *se mirarán con temor, pero enseguida* NORA *reacciona y continuará arrastrando a* JASICA *hacia el muro. Esta se resiste mientras se oyen nuevos timbrazos y golpes en la puerta. Momento de gran dinamismo y tensión. En tono lastimero y por lo bajo.*) ¡Déjame! Nos han descubierto.

NORA   (*Con testarudez.*) Vamos.

(*Sigue arrastrándola. Los timbrazos y los golpes cesan, pero el silencio que se produce no es tranquilizador.*)

JASICA   (*Suplicante.*) No puedo. Los miembros no me funcionan. Están ahí.

(*Señala el lateral.*)

NORA   (*Con aplomo.*) Se han ido.

JASICA   Es su táctica, volverán.

NORA   Para entonces, ya lo habremos derruido.

JASICA   (*Impidiendo a* NORA *el paso hacia el muro.*) No quiero que lo destruyas, me da más miedo todavía.

NORA   (*Con resolución y amenazante.*) Quítate de en medio.

JASICA   ¡Te lo prohíbo! (*Pausa tensa.*) Me he acostumbrado a tenerlo ahí toda la vida.

NORA   Tendrás que desacostumbrarte. Déjame.

(*La echa a un lado y se pone a trabajar de manera febril.*)

JASICA   ¡Allá tú! Tendrás que hacerlo sola. No pienso mover un dedo. (*Breve pausa, agresiva.*) ¡Te delataré! ¿Me oyes? ¡Te delataré! ¡No estoy dispuesta que me lleven a la cárcel! ¡Te delataré, te delataré! (NORA *no le hace caso. Está embebida en su trabajo.* JASICA, *furiosa, saldrá hacia el lateral. Chillando.*) ¡Eh, ustedes, estamos aquí! (NORA *va rápidamente hacia ella y le tapa la boca con fuerza. Los gritos de* JASICA *quedan ahogados. Entre sollozos y para sí, casi un lamento de soledad.*) Estamos aquí, ¿es que no oyen?... (*Silencio.* NORA *vuelve a su trabajo.*

JASICA, *poco a poco irá resignándose y se acercará a* NORA *con rabiosa mansedumbre. Trabajarán las dos. La escena empezará a llenarse de prismas desmantelados que reflejarán diferentes ángulos de las mujeres. Al mismo tiempo la luz comenzará a debilitarse y cuando la pared reticulada esté deshecha por completo, la oscuridad será casi total.) ¿Ves algo?

NORA   Nada. Tráeme la linterna.

(JASICA *se la trae. El foco de la linterna se esparcirá, iluminando el fondo de la escena. Se verá entonces un nuevo muro, idéntico al que acaban de derribar. La luz, cada vez más potente, se estrellará contra él, llenando toda la escena y las figuras de* NORA *y* JASICA *volverán a multiplicarse en las renovadas superficies.* NORA *quedará como petrificada, incapaz de movimiento alguno, mirando aquel obstáculo que se yergue retador ante ellas.)*

JASICA   (*Yendo hacia la nueva pared y golpeándola.*) ¡No puede ser! ¡No puede ser! ¿Dónde está dios que lo permite? (*Silencio. Momento de parcial congelación. Luego va hacia* NORA, *con angustia.*) Vámonos, Nora... (NORA *no se mueve.*) ¡No quiero enterrarme aquí, quiero vivir, ¡¿comprendes?! Tenemos que vivir... este es un trabajo inútil. (*Pausa.* NORA *sigue quieta sin escucharla.*) ¿Me escuchas, Nora? Tenemos que irnos, nos han descubierto... En cualquier momento pueden volver... Es nuestra única oportunidad... ya nada tenemos que hacer aquí.

NORA   (*Sin dejar de mirar la pared que tiene delante.*) Yo he vuelto para terminar lo que empecé.

JASICA   ¿Pero no te das cuenta que es una locura? (NORA *sigue mirando el obstáculo como midiendo sus fuerzas.* JASICA *ha pasado a segundo plano, como si no existiera. Cada vez más desesperada y suplicante.*) Te olvidas de nosotras, de que todavía somos libres... ¿Qué vamos a hacer con nuestra libertad?

NORA   (*Para sí.*) Esta es nuestra libertad.

(*Coge la escalera despacio, como en un ritual, y la coloca junto al muro. Luego se sube y empieza a desmontar la parte superior con tenacidad y paciencia.*)

JASICA   (*Junto a la escalera.*) Es inútil, Nora, es inútil. (NORA *sigue sin hacerle caso. Con rabia ante su determinación y amenazándose a sí misma.*) ¡Maldita, maldita sea!

(JASICA, *junto a la escalera, llorará con rabieta, con enfado.* NORA, *imperturbable, continuará su labor hasta que, poco a poco, se hace el oscuro.*)

Fin.

CARMEN RESINO

la boda

Premio Buero Vallejo 2004

Esta obra se estrenó en el Teatro Buero Vallejo, de Guadalajara,
el 24 de mayo de 2006, interpretada por Carmen Caballero (HIJA).

Dirección: Maríano de Paco.

Personajes

Hija

1

*Interior de un dormitorio de mujer de clase me-
dia. Al fondo, en el centro, frente al espectador,
cama matrimonial sin hacer, con el desorden
propio de alguien que acaba de levantarse. A la
derecha, mesilla con teléfono, vaso de agua, cenicero con alguna colilla y cajetilla empezada,
etc..., y un poco más allá, una puerta entreabierta a través de la cual solo se percibirá un
espacio silencioso y oscuro. Esta puerta será
referencia constante de la protagonista convir-
tiéndose en auténtico personaje antagonista. Y
personaje es, aunque mudo, pues a ella se dirige constantemente la* Hija, *lanzándole sus pre-
ocupaciones, anhelos, recelos y odio. Puerta y
espacio constituirán su contraste, la conciencia de sí misma, su autoafirmación y su catar-
sis. Siempre que la* Hija *se dirija a su madre, lo
hará a ese espacio contradictoriamente abierto
y críptico.*

*En la pared de la izquierda, ventana por la
que apenas entra luz de mañana temprana, obli-
gando a tener encendida la artificial. Cerca del
proscenio, al fondo a la derecha, puerta cerra-
da, que se supone, comunica con las restantes
dependencias de la casa y con el exterior.*

En el proscenio, a la derecha, un poco esqui-
nada, mesita con televisión; en el centro, se supone pero no se verá para no obstaculizar la visión
del espectador, un espejo de cuerpo entero, y a
la izquierda, también esquinado, un armario sin
fondo, del que sólo se verán perchas con vestidos, zapatos y otros enseres. Todo el dormitorio
debe transmitir la sensación de desorden.

Al alzarse el telón, la Hija está sacando rápidamente vestidos y sombreros del armario y
arrojándolos anárquicamente, sobre la cama. La
Hija es una mujer madura. No es guapa ni fea,
ni gorda ni delgada. Es gris. Sobre todo gris. Se
encuentra en bata y rulos.

Hija   (Mientras saca las cosas del armario y dirigiéndose hacia ese espacio interior, silencioso y oscuro que permite entrever la puerta abierta.)
¡Cállate, mamá! ¡Si sigues chillando de esa
manera, no puedo concentrarme. La cosa ya
es lo bastante peliaguda para que tú, encima,
me pongas más nerviosa aún... Estoy hecha
un lío. ¡Un lío, para que te enteres! (Cogién-
dose la cabeza entre las manos.) Me estalla la
cabeza, ¡menuda noche me has dado, sabiendo lo que tengo hoy! Tú siempre, tan oportuna, parece que andas buscando el peor momento, si te conoceré, que a egoísta... (Va hacia la cama y revuelve las cosas que ha ido arro-
jando. Parece buscar algo que no encuentra.) ¡Y
para colmo, esta precipitación!, y lo peor de
todo es que no voy a llegar, y si no llego, ¡me

muero! ¡Te aseguro que me muero! ¡Una ocasión como esta! ¡Por una vez que las cosas empiezan a salir redondas, y que me apetece una barbaridad! ¡Lo que más de este mundo!, y precisamente en un momento así, un momento que para mí es casi mágico, de cuento, bueno, sin el casi, ¡mágico total!, vas tú y me quieres chafar la fiesta.

¡Siempre tan oportuna! (*Asomándose un momento a la puerta.*) ¿Cuándo no has sido oportuna, mamá?... (*Breve pausa. Vuelve a su lío sobre la cama.*) Pero lo peor es que no llegue, porque todavía tengo que hacer un montón de cosas; tantas, que no sé por dónde empezar... ¿A quién se le ocurre poner una boda, y de estas campanillas, a las once de la mañana? ¡Al que asó la manteca! Porque hay que estar allí, colocaditos, una hora antes de que lleguen los novios para no estropearles el cortejo nupcial... ¡Claro que con este día!

(*Va a la ventana y mira hacia arriba, como buscando la luz.*)

¡Y que no levanta! ¡No sé yo si la tendremos pasada por agua!... (*Se retira y va hacia el supuesto espejo. Se mira el pelo con decepción. Empieza a quitarse los rulos casi furiosamente y a arrojarlos sobre la cama. Se cepilla el pelo con brío.*) Tenía que haber ido a la peluquería, pero vistas las cosas, casi mejor. ¡Entre la nochecita que he pasado y este tiempo, que también, a oportuno!... La boda tenía que haber sido a las seis de la tarde, para que pudiéramos arreglarnos tranquilamente, y sobre todo, dormir, porque con este madrugón, tú me dirás qué cara vamos a tener todos, *(Se mira fijamente en el espejo.)* que tengo unas ojeras hasta la boca...

(Saca unos útiles del armario y empieza a maquillarse. Volviéndose un instante hacia la puerta.)

¡Que te calles, mamá, que no quiero oírte! *(Seguirá el silencio.)* Como mucho, he dormido dos horas. ¡Pero en fin!, no voy a quejarme de nada, estar invitada a esta boda ha sido mi consagración social, eso en lo que nunca creíste... *(Ha vuelto a dirigirse al interior.)* Siempre pensaste que tú eras la única de la familia que tenía derecho a un status de campanillas. *(Se retoca el pelo y vuelve sobre lo dejado en la cama.)*... Pero lo que me pone muy nerviosa a estas alturas, es no saber lo que voy a ponerme... *(Cogiendo una pamela un tanto estrafalaria y mirándose al espejo.)* Dudo entre la pamela, que cuenta ya con dos bodas en su haber, no demasiado gloriosas, lo que yo llamo el gorro frigio, *(Coge un gorro de forma cónica, y se lo pone.)* y lo cual, aunque me guste resultaría un tanto inoportuno por su connotación claramente republicana, tu casquete, mamá, *(se quita el frigio, coge un sombrerito gracioso y lo contempla con desprecio.)* tan ñoño, pero tan exquisito, la verdad, no en vano te costó un huevo, o ir a pelo, haciendo claro alarde del más puro talante democrático. Seguro que no hay nadie que se atreva a ir a pelo; todos serán modelitos carísimos y a cual más extravagante. (*Mientras dice esto, se intercambiará los modelos.*) Y esta pamela (*Vuelve a cogerla, a mirarla y a probársela.*) de grandes almacenes, aunque no está mal; no, no, no está mal, me parece un poco pasada... (*Nuevamente hacia el interior.*) ¡Que te calles, mamá, qué manía con el casquete! ¡No me gusta, entre otras cosas, porque te gusta a ti, y contigo de fondo, no doy pie con bola!... (*Asomándose a la puerta.*) ¿Me has oído? ¡Déjame en paz, no seas egoísta!

¡Te he lavado, te he peinado!, parece mentira lo coqueta que eres aún a pie de tumba, que estás en las últimas y te he dado todas esas medicinas que, no quiero ser cruel, pero ya no te sirven para nada... ¿Qué más quieres? (*Se retira de la puerta con gesto de cansancio.*) Pero tú erre que erre, egoísta, que siempre fuiste una egoísta. ¡Estar yo con estas prisas, con estos dilemas, porque lo del sombrerito es un dilema, y tú, ¡venga a vocear!, sabiendo como sabes, lo que me molestan los gritos. ¡Siempre exigiendo, siempre imponiéndote, como cuando se casó mi pobre hermano, y digo pobre, porque siempre lo tuviste mártir, de acá para allá! Lo importante era tu *toilette*, querías ser la madrina diez, mejor que la novia, a egocéntrica no te gana nadie, y yo, ¡a freír puñetas!, y eso que era la hermana del novio y estaba en edad de merecer. (*Vuelve a dirigirse al interior apoyándose en el quicio de la puerta.*) Sí, mamá, era yo quien estaba en edad de merecer y no tú, que por muy incombustible que te creyeras, ya tenías más años que un loro...

(*Sigue apoyada en el quicio, y su voz, unas veces se dirigirá al espectador, y otras, las de mayor énfasis, hacia el interior de la habitación.*)

Y yo tuve que sacrificar el tiempo de mi arreglo para ponerte a ti hecha un ídolo digno de veneración, no sé qué pensabas, que te iba a salir un novio o algo por el estilo, en la boda de tu hijito del alma... o que había que besarte la mano en señal de pleitesía, como si fueras una reina, un papa o un capo de la mafia. Desde luego, más cerca estabas de lo último, porque de reina, ¡nada!, eres una plebeya, aunque siempre te gustó presumir de familia exquisita; de papa, menos, que eres una impenitente heterodoxa, y una atea... ¡ya, ya verás ahora, cuando te mueras, lo que te espera por no creer! ¡Serás capaz de no confesarte, para ser consecuente con tus ideas!... En cambio, ¡ya ves!, de capo mafioso, sí te veo, que nos has querido organizar la vida a todos, ordeno y mando, pese a presumir de liberal. ¡Todo, menos liberal! ¿Dónde, digo yo, estará tu liberalismo, si eras, si eres una tirana?

(Corte. Se retira de la puerta. Va hacia la cama, coge la pamela y se la vuelve a probar. Con aprobación.)

Decididamente, la pamela. Es lo que va y lo que se aconsejó. Además pega perfectamente con el vestido. *(Lo coge de encima de la cama y se lo superpone.)* Que dicho sea aparte, me ha costado un congo. *(Pausa. Se quita la pamela y empieza a ponerse un vestido no demasiado glamoroso ni elegante .)* ¡Lo que tuve que patear hasta encontrar algo aparente y que no me descolocara de por vida el presupuesto!

¡Todas las rebajas, una a una, todas las boutiques de arriba abajo, y ni por esas!, hasta que al fin di con el cuando ya estaba al borde de la desesperación y del agotamiento, y es que la gente importante no se da cuenta de que con estas invitaciones, te hunden en la miseria, porque ¡claro!, no vas a llevar una licra miserable o una seda sintética, y luego está el capítulo de las firmas, que por cualquier diseño de mierda que no es ni diseño ni nada, te llevan un ojo de la cara y parte del otro. Y sin firmas, no eres nadie. Una paria, una pobre patán. De manera que hay que llevar firma, aunque sea una facha el modelito y tú estés hecha un horror. Pasa lo mismo que con la pintura moderna: no importa que al ilustre artista le haya salido san Antón, la Purísima Concepción o un gato persa. Lo importante es la firma, la rúbrica, el signo. Eso es lo que levanta millones de dólares y no lo que se pinte. Y con la alta costura sucede lo mismo. ¡Un consumo de vómito! Yo, después de quedarme casi sin piernas de tanto patear, encontré esto a medio camino entre lo fashion y lo cutre, ¡pero qué se le va a hacer!

(Breve pausa. Se sienta en la cama. Enciende un cigarrillo. Fuma un poco compulsivamente.)

... Y luego está el capitulito del regalo, porque ¡claro! No vas a regalar cualquier cosa... no puedes recurrir al dichoso florero, al marquito de plata y a esas memeces por el estilo... Aquí hay que apechugar con ediciones especiales, objetos de arte y la Biblia en verso... ¡Pero en fin! Aunque me haya hundido el presupuesto, yo, tan ilusionada. ¡Esta boda para mí es el no va más, la coronación de mi vida, la salida del anonimato, y todavía más, porque voy con Pepe, y esto es el súmmum! *(Revuelve y empieza ponerse las medias.)* ¡Por dios, mamá, cállate un poco! Bueno, no sé por qué te lo pido por dios, si tú no crees... ¿No ves que tengo que concentrarme? ¡Y tú muriéndote, precisamente hoy! Claro que conociéndote, todo puede tratarse de un truco miserable, que sé cómo las gastas, los días más importantes de mi vida, me los has chafado con tus extravagancias; o estabas enferma, o dando conferencias. A las fiestas de mi colegio casi nunca ibas, siempre tenías algo que hacer, algún compromiso profesional, pero ¡en fin!, reconozco que te esforzabas, aunque no lo bastante, pero lo que no te perdono es lo de mi puesta de largo en casa de Marisol. *(Dirigiéndose a la puerta.)* ¿Te acuerdas de Marisol?... *(Nuevamente centrada en las medias.)* Siempre tuvo muchas pretensiones, pero luego se casó con un don nadie; tan don nadie que ni siquiera la han invitado a esta boda, pero entonces yo la admiraba mucho y fue un detallazo por su parte que me dejara ponerme de largo con ella. Tú, es verdad, me compraste un vestido monísimo, aunque a regañadientes... *(Nuevamente en dirección a la puerta.)* Sí, mamá, a regañadientes, o al menos no con mucha ilusión, con esa ilusión que hubiera puesto cualquier madre para algo así. Estabas en contra de esas cosas, las llamabas tonterías, superficialidades, ¡yo, promoción! *(Recalca esta frase.)* Y pese al detalle del vestido, no estuviste en la fiesta, ¡con la ilusión que me hacía! *(Con evidente rencor.)* Tenías una conferencia en Estados Unidos... ¡Qué pisto te dabas, mamá, con tus conferencias y con tus libros! ¡Siempre pasándome por las narices lo culta y brillante que eras, para que yo me sintiera una inútil, una vulgar, una pobre chica del montón!... *(Por la media.)* ¡Mecachis en la mar, me la he roto! Ahora a buscar otro par medianamente sano, no las voy a llevar de distinto color...

(Breve pausa. Revuelve, coge otras medias y las mira al trasluz. Empieza a ponérselas.)

La brillante, el diamante en bruto, ¡qué diamante!, ¡brillante de ochenta quilates lo menos, eras tú! ¡Solo tú! Siempre, aparte de egoísta fuiste una asquerosa pedante; sabías más que nadie, eras más inteligente que nadie, lo que tú decías iba a Roma, que parecías un oráculo, *(Mientras va diciendo todo esto se calza las medias a tirones, con rabia, como para resaltar las frases.)* pero ahora con Pepe *(Se dirige al interior.)* te he chafado el asunto de por vida. Tú nunca tuviste un novio como Pepe, ni siquiera papá, y papá, tengo que reconocerlo, amores aparte, no era un cualquier cosa... *(Breve pausa.)* No, con Pepe no puedes. ¡Pepe, es mucho Pepe! En cambio con Fede, ¡menuda lata me diste! «Ese chico no te conviene», me decías. ¿Por qué tenías que saber con esa seguridad que no me convenía? Respecto a mí, perdona, pero no puedes opinar, no puedes estar segura de nada. Lo que a ti, quizás, te haría desgraciada, a mí no. ¡Somos tan distintas, afortunadamente! Sin embargo, aún no gustándote Fede, ¡bien te reías con él!, ¡bien que charlabais a mis espaldas, con complicidad, diría yo!, ¡anda que si te llega a gustar!, y es que a ti, mamá, todos los hombres te parecían bien, que eres una machista impenitente, pero de todas formas, ¡me machacaste!...*(Breve pausa. Se levanta. Se mira al espejo.)* En realidad no sé para qué, porque Fede, la verdad, no me hizo ni puto caso. Quien le gustaba era esa sin sustancia de Charo, no sé qué vería en ella, los hombres siempre ven cosas que nosotras no podemos sospechar, pero el caso es que vio, tanto, que se casó con ella en cuestión de meses, dejándome hecha un trapo, la verdad, porque yo, me había hecho ilusiones. Por tanto, mama, podías haberte ahorrado el trabajo de sermonearme y hubieras quedado bien, al menos discreta, cosa que no eres. (*Breve pausa. Con renovados ánimos a la puerta.*) Ahora también te metes con Pepe, ¡cómo no! ¿Pero qué tienes qué decir de Pepe? ¡Moribunda y todo, coqueteas con él, no creas que no me he dado cuenta! Es tu inercia, esa inercia de mujer devoradora, esa inercia que no parará hasta que cierres el ojo. ¡Pobre papá! Tu siempre poniéndolo por las nubes, hablando maravillas de él, pero a mí no me la das.

¡Eres una promiscua, no tienes principios ni nunca los tuviste!

¡Ya verás ahora cuando te mueras! Ahí, a donde vas a ir dentro de un cuarto de hora, como quien dice, no hay trampa ni cartón. Todos vamos con nuestra vida escrita, sin dobles lecturas ni caracteres equívocos. Pero ahora, mira por donde, te quedas con las ganas, porque Pepe es mío y tú ya estás con un pie en el otro lado, bueno, prácticamente con los dos. (*Breve pausa. Casi metiéndose en la habitación.*) ¡No protestes, mamá! ¡No estoy diciendo más que verdades como puños!

(*Transición. Mira con preocupación el reloj.*)

Y sobre todo, no me distraigas. Ya pasan de las ocho y media, y Pepe sin venir. (*Coge el teléfono. Marca con decisión.*) Pepe, ¿qué haces?... ¿Dónde estás?... ¿Todavía?... ¡Tenemos que estar antes de las diez! Pues yo, ¿qué voy a hacer a estas horas? ¡Arreglarme a toda velocidad! Como no te des prisa no llegamos, y esto sí que no te lo perdono, con la ilusión que me hace... (*Escucha un momento y se asoma un poco a la puerta. Bajando la voz.*) Bueno, ¡fatal! ¡Menuda noche! ¡Lo que yo te diga!... Vamos, creí que se me quedaba... Luego se repone, y a seguir fastidiando, ya sabes cómo es, no tiene ninguna consideración sabiendo lo que tengo encima... ¿Qué dices de la corbata? Te oigo fatal... Hijo, yo te encontraba guapísimo... Bueno, la que sea, pero ¡por favor, espabila, ya sabes lo nerviosa que me pongo, no me tengas en un brete, que me puede dar algo!... (*Cambiando el tono a otro más tierno e insinuante.*) ¡Sí, amor, claro que sí, guapo! ¡Te quiero, un beso fortísimo! ¡Hasta ahora mismo! (*Cuelga con gesto de ensimismamiento, para enseguida volver a dirigirse a la puerta.*) ¿Has oído, mamá? ¡Un beso fortísimo! Cosa que tú ya no puedes dar, porque eres casi un cadáver... Ya no hay besos más que para la muerte...

(*Pausa. Vuelve al espejo y a su labor contemplativa. Coge un chal y se lo pone por los hombros.*)

Pues sí, no me queda nada mal... y ahora con el chal y los zapatos, voy de cine. (*Se adelanta por el proscenio como si se acercara al espejo para mirarse fijamente.)* ¡Si no fuera por estas malditas bolsas! Cualquier día me hago la estética y me corto de aquí y de allá, porque yo con un buen lifting quedo para muchas batallas todavía, y ahora que empieza de lleno mi vida social... *(Coge del armario una caja de zapatos. La abre y saca con mucho cuidado, como si se tratara de una joya, unos zapatos de fiesta.)* Los zapatos son un amor. En comparación, más caros que el vestido. ¡Pues no me recorrí pocas zapaterías! ¡Casi un mes buscando hasta que di con ellos! Tenía que encontrar el tacón exacto, el punto justo entre la elegancia y lo sexy, sin renunciar a ninguna de las dos cosas, ¡y mira qué es difícil!, porque si te pasas de sexy, la has cagao, y más en una ocasión como esta..., ¡todo, menos ir dando el cante!... Vi algunas sandalias divinas, pero no me parecía adecuado ir con los dedos al aire, y más con este juanete tan antiestético que tengo. Tenían que ser abiertos por detrás, pero cerrados por delante. *(Exhibe uno de los zapatos que responden a estas características.)* Lo que acabo de decir: a partes iguales entre la distinción y lo exquisitamente femenino. *(Esto último lo ha dicho con voz ñoña, como si no creyera mucho en ello. Se sienta en la cama. Se los pone y se contempla con cierto narcisismo.)* Elegantes, por delante, estrechitos y puntiagudos; sexys por detrás, con su tacón de aguja sabiamente proporcionado, que no parezca que vas de puntillas o en difícil equilibrio, y más yo, que no soy alta, y abiertos, para que se vea bien el tobillo y el inicio de las piernas, que a decir verdad, las tengo bastante potables... (*Alza las piernas. Exhibición de estas y de los zapatos. Luego se pone de pie y los contempla en el espejo por delante y de lado.*) ¿Seis, siete centímetros? La verdad es que las cosas se ven diferentes desde esta altura... Lo que pido al cielo es que no me muerdan, porque la jornada va a ser de aúpa, maravillosa, pero de aúpa, y todo es posible en este mundo traidor, pues encima yo tengo unos pies delicadísimos. ¡Tendría gracia que a pesar de lo caros, me hicieran daño!...

(*Breve pausa. Vuelve a la operación del maquillaje que dejó interrumpida. Para sí.*)

¿Cómo irá la novia? Monísima, seguro, con cualquier cosa que se ponga, pero es que además no será cualquier cosa...

¡Menudas firmas y menudos joyones! ¡Si no los lleva ella!.. ¡Ya la querría yo ver con mis tacos a cuestas y mis modelitos de andar por casa! El vestido será una maravilla, seguro, y no esos que he tenido que ver hasta ahora. Todos los vestidos de novia de mis amigas, incluido el de Marisol, de quiero y no puedo. Pero ¿qué se puede esperar, si son todas unas cursis, gente de medio pelo? Y tan de medio pelo, por eso ninguna va a esta boda. ¡Si lo que a mí me ha sucedido es un milagro! (*Vuelve a dirigirse a la puerta.*) Aunque tú, mamá, tampoco crees en milagros, pero a veces existen, y la prueba es que yo voy y ellas no, lo cual es una satisfacción más. Yo diría que casi, casi, la mayor. Si mis amigas fueran, no me haría ni la mitad de ilusión. Pero, ¿cómo van a ir, si son como son, si he tenido siempre unas amistades de lo más vulgar? y eso, mamá, que te preocupaste de que fuera a un buen colegio. Bueno, lo de buen colegio, lo cacareabais tú y papá, porque papá decía amén a todo lo que tú decías, pero el colegio de marras, aunque enseñaban bien, he de reconocerlo, no era precisamente la *crème* de la *crème*. Era un colegio popular, público, como a ti te gustaban. Tú amabas lo público, con esa vulgaridad que te caracteriza, y papá, por seguirte la corriente, el muy calzonazos, también. ¡Qué iba a decir el pobrecito, si le tenías sorbido el seso! (*Breve pausa.*) Tú considerabas que un buen colegio era aquel en el que los profesores enseñaban bien, el que se preocupaba de los conocimientos, de las lecturas, de la preparación para la vida... pero yo entiendo que la preparación para la vida es otra cosa. Por mucho que sepas, si no tienes amistades adecuadas, no hay nada que hacer, al menos en este país. Yo hubiera preferido ir a un colegio bien, aunque enseñaran mal. Fíjate mamá que digo bien y no bueno.

¡Bien! Donde las niñas tuvieran maravillosas casas, criados y coches de lujo. ¿Con quién trataba yo, mamá, en aquel colegio bueno, tan ensalzado por ti? Con gente corriente y moliente, de todo pelaje, esa gente que tiene que sudar un huevo para abrirse camino. Tú, con tu particular clarividencia, decías, «los niños tienen que tratar con todo tipo de gente». Ese era tu lema, tu máxima teoría pedagógica: la mezcla, el barullo, la confusión. Eso, la confusión. Como la que tengo ahora.

(Pausa. Coge un cigarrillo. Busca el mechero por todas partes, incluso debajo de la cama, y puede decir algo al respecto. Finalmente enciende con una cerilla. Aspira con intensidad. Vuelve a mirar el reloj, va rápida al teléfono y marca.)

Pepe, ¿dónde demonios estás?... ¿Todavía? ¡No puede ser, luego dicen de las mujeres!... ¿Qué quieres, que me dé un infarto? Es que me pongo de los nervios, lo sabes, y más en una ocasión como esta... No, no te rías, parece que lo haces adrede, como mi madre... *(Buscando nuevamente por la mesilla y por la cama.)* Oye, ¿por casualidad me dejé el mechero en el coche? Sí, el Cartier... Míralo, por favor, no lo veo por ningún sitio... ¿Cómo no me voy a preocupar si me lo regalaste tú?... Sí, ya sé que no puedo fumar, no te preocupes, que sí... que sí... ya sé que es malísimo y además antiglamour y síntoma de plebeyez... El tabaco, dicen, es el escapismo de los pobres, de los incultos y todo eso, ¡en fin!, por decir que no quede, pero no puedo dejar de fumar y más cuando estoy nerviosa y en estos momentos estoy de atacar... Prométeme que te darás prisa, que no me tendrás en ascuas, como acostumbras... Y no te olvides de las invitaciones... ya, ya, ¡pero a veces gastas unos despistes!... que sí, por mí no hay problema, solo pintarme y salir pitando... ¡Hasta ahora! (*Cuelga.*) ¡Cómo voy a dejar de fumar si me pone estresadísima! Y además, que es dificilísimo y yo no tengo fuerza de voluntad, y no tengo fuerza de voluntad porque no me da la gana tenerla. ¡Todas mis amigas que lo han dejado se han puesto como cetáceos! Y a mi edad perder el tipo es todo un cataclismo. ¡Madura y gorda! ¡Lo que me faltaba! (*Fuma con delectación. Breve pausa. Nuevamente a la puerta.*) La culpa del tabaco, perdona, pero también la tienes tú, mamá. Ya sé que tu no fumas, bueno ahora es obvio, que nunca fumaste, nada más que ese pitillo necesario para quedar bien, porque antes se quedaba bien ¡ya ves qué cambios!, no como ahora, y toda mujer que pretendía estar al día y ser mínimamente elegante, tenía que echarse unas caladas..., pero tú lo justo, no como papá, que era una chimenea. Tú, lo justo, ¡cómo no! ¡Todo controlado! ¿Cómo podías hacerlo para fumar esos cuatro o cinco como máximo y no entrarte una ansiedad de caballo? ¿Cómo podías mantenerte en esa línea, en esa barrera que todos acaban saltándose, en ese filo de la navaja entre lo chic y el enganche? Yo pienso que porque no te gustaba. No podía ser de otra manera.

Tú te controlabas en todo porque nada te gustaba de verdad: ni fumar, ni comer, ni beber... ¡Yo pienso que ni follar, mamá!... *(Breve pausa.)* Tú podías pasarte sin nada. Eras un espíritu puro. ¿Qué se puede esperar de un ser que no tiene ninguna debilidad, ningún vicio? ¡Es antihumano, mamá, completamente antihumano! Y así, mientras tú consumías cigarrillos asépticamente, sin engancharte, yo me enviciaba cada día más. ¿Por qué no me lo prohibiste, si sabías que era malo para los pulmones y para el cutis, o es que no te importaba mi cutis? ¿Por qué? ¡Pero claro, a ti no te gustaba prohibir, sino aconsejar, dejar todo al libre albedrío de cada uno, esa estúpida teoría, y con ello me humillabas todavía más: ponías en evidencia mi debilidad, el estar hecha de una pasta bastante más mediocre. ¡Libre albedrío! ¡Sí, sí! ¡Sobre todo, libre, con lo mediatizados que estamos! ¡Hay que prohibir, mamá, hay que prohibir! Si yo hubiera tenido hijos, les habría prohibido casi todo. Mejor acostumbrarlos; vivir es una prohibición permanente.

(Sale un momento por la puerta de la derecha rumiando cosas ininteligibles, para volver enseguida con una bandeja y un servicio de café. Lo deja encima de la mesilla, se sirve y bebe después de agitar nerviosamente la cucharilla.)

¡Es como lo del café! ¡Todo el día con el dichoso café! Sí, tengo que reconocerlo, soy una

adicta al café. A otras cosas, no; la verdad, me
dan un miedo atroz, pura cobardía, que si te
descuidas te quedas tiesa o con el hígado hecho polvo... Otras cosas, ¡no! ¡pero café y tabaco! Tabaco de todas las marcas, y hasta pu-
ros, si no encuentro otra cosa, y café en todas
sus variantes: con hielo, solo, con leche, cor-
tado, capuccino, americano... ¡de cualquier
manera! (*Breve pausa. Hacia la puerta.*) A ti
tampoco te gustaba el café. Tú eras de té. Di,
mamá, ¿a que tampoco te gustaba el café? ¡No
te digo! A ti no te gustaba nada, no tenías adicción a nada o lo disimulabas muy bien... Lo
único a lo que tenías adicción era a los libros,
pero da la casualidad que eso no es censura-
ble, sino que se considera mérito. ¡Ya ves! Hasta tus adicciones eran meritorias, que parecías
doña Perfecta. Tú eras, mamá, lo que llama-
ban los clásicos una mujer fuerte, para joder-
nos más a los pobres mortales.

(*Se levanta y pasea por la habitación. Se toca
los pies con gesto de fastidio y por los zapatos.*)

¡No!, si todavía me van a hacer daño, los muy
cabrones, después del peregrinaje que me
costó encontrarlos, que me patee todo Madrid y parte del extranjero, y de lo que me
costaron, que esa es otra: ¡doscientos trece
euros nada menos! ¡Doscientos trece de mis
entretelas! ¡Tenía que acabar la cifra en trece para mayor INRI! Cuando vi el precio, me
quedé petrificada con ellos en la mano, sin

saber qué hacer, bueno tirarlos lo más lejos posible para evitar tentaciones, pero finalmente me los compré después de un momento de vacilación, de esos momentos en que el sentido práctico y el del honor, eso que ya no se lleva, estuvieran en juego. Porque de eso se trataba: del honor. No podía decir que no; en primer lugar, porque era la boutique que me había recomendado mi jefa, una elefanta que habla ex-cátedra en materia de marcas, modas y pedigrí. ¡Doscientos trece euros de mi vida, cuando a mí cuarenta para unos zapatos ya me parecen mucho! Y la culpa de que me parezcan mucho cuarenta euros la tienes tú, mamá, como de casi todo, por haberte empeñado en que mirara el dinero, ese fruto del trabajo, decías, y que no me dejara seducir por las falsas apariencias... ¡Falsas apariencias! En este mundo, mamá, todo son falsas apariencias. Solo existe de verdad el hecho de nacer y el de morirse, y para eso también con su parafernalia, y si no sigues el juego, ¡caput! (*Breve corte.*) No, mamá, no se puede ir a pecho descubierto, jugando con todas las cartas a la vista, con la sinceridad a flor de piel... Eso, perdona que te diga, es suicida... Hay que envolverse en falsas apariencias y cuánto más falsas, mejor.

¿Qué conseguiste tú en toda tu puta vida de trabajo, valiendo como valías, eso, la verdad, tengo que reconocerlo? ¡Pues trabajo y nada más! Sí, ya sé que eras casi, casi, una notabilidad, pero te faltó el casi, y ese casi es el todo. ¡Que no me deje llevar por las apariencias! ¿En qué planeta vivías, mamá, y digo vivías, porque lo que tú haces ahora es vegetar, ultimar de manera nada gloriosa ese tramo del «largo camino hacia la noche» que esperemos, no se te ocurra traspasarlo hoy, con todo lo que tengo que hacer.

(Breve pausa. Nuevo sorbo de café y calada de cigarrillo.)

Pues sí, te equivocaste, mamá de medio a medio. Hoy día, y pienso que a lo largo de eso que llamamos historia, los únicos que de verdad han vivido, los que se han llevado el gato al agua, han sido los amantes de las apariencias, los exquisitos, los glamourosos, los exigentes, los fashions, los que no se conforman con cualquier cosa, los que luchan por el aquí y el ahora, los que en resumidas cuentas no miran el precio de unos zapatos. Yo sí, yo sí los miré, y por tu culpa me quedé a punto de no comprarlos, pero finalmente me lancé como si se tratara de un principio, de una cuestión de honor. Me dije, «si no eres capaz de comprarte para esa boda, para esa ocasión única y excepcional unos zapatos como estos, es que eres una mediocre total, una pobre chica que no tocará nunca el triunfo». Y me decidí, aunque en aquel momento la decisión me saliera del páncreas, del hígado, de la bilis y del intestino grueso, de lo que tuve que violentarme.

Me decidí porque en primer lugar, como te dije, fue la boutique que me recomendó mi jefa y en segundo, porque tenía que chafar a esa dependienta con tanto estilo y que me miraba perdonándome la vida, convencida, la muy estúpida, de que nunca podría ser clienta suya. Nada más entrar ya me había echado un vistazo de arriba abajo escéptico y totalmente despectivo, como diciendo ¿qué hace esta aquí? Cuando le dije que me los llevaba, se quedó de un aire, casi descompuesta la tía, del chasco que se pegó. *(Breve pausa. Sonríe con cierta malévola expresión.)* Sí, mamá, en las tiendas carísimas, te desnudan nada más te echan el ojo. En un momento calculan lo que llevas encima, y de acuerdo con la valoración, te sonríen abiertamente o te ponen cara de asco moderado. Yo, casi siempre he recibido esta última acogida. Por eso, tenía que comprar estos jodidos zapatos aunque digas que es una barbaridad; por mí misma, por esa dependienta estúpida y por mi jefa, para que cuando al día siguiente me preguntase con esa cara de asco camuflada de falsa amabilidad que me dispensa, si había encontrado lo que buscaba, yo pudiera contestarle: sí, por supuesto. No sabes cómo te lo agradezco, es una tienda maravillosa... No sé si dije espectacular... ella dice mucho lo de espectacular, aunque no venga al caso, y me he comprado unos zapatos ideales... ¡Ya pueden serlo, demonio! Ella dice mucho también lo de ideales. Todo, según ella es ideal, espectacular y maravilloso, y es que antes muerta que sencilla. (*Breve pausa.*) Mi jefa, lo noté, se quedó de piedra, casi tanto como la dependienta, al verme toda triunfal derrochando euros, y no con esa cara de perrito apaleado que esperaba ver, y que suelo lucir. Y yo, ante su desilusión, desolación casi, noté que ascendía vertiginosamente de categoría, y que de pronto, ya no la consideraba mi jefa, sino mi igual. ¡Que digo mi igual! Ella ya no era jefa ni nada. Era un simple gusano sugerente.(*Golpeándose el pecho en plena autoafirmación.*) ¡La jefa era yo, que podía comprarme unos zapatos de doscientos trece euros, y que además, estaba invitada a «la boda», la boda con mayúsculas, mientras ella no tenía otra salida que verla por televisión, como todo el mundo! Y todo gracias a Pepe. ¿Has oído, mamá? ¡Gracias a Pepe, aunque a ti, lo sé, no te guste, como no te gustaron nunca ninguno de mis novios ni de mis amantes. Pero aunque no te guste, o quizás por eso mismo, soy la compañera de Pepe. Bueno tú, que siempre presumiste de culta, dirías... (*Burlona.*) ¿Qué dirías, qué apelativo darías a nuestra relación? ¿Qué soy de Pepe, según tú?... ¿Coima, barragana, querida, amante, puta, compañera sentimental?... ¿Que soy, quieres aclarármelo?... Lo de compañera sentimental ya sé que no te gusta, que te parece inexacto, vulgar e inadecuado. En eso, ¡ya ves!, te doy la razón por una vez. En lo único. En realidad, la mayor parte de los llamados compañeros sentimentales, no tienen nada de compañeros del sentimiento. De eso, muy poco, por no decir nada. ¡Compañeros sentimentales!... ¡Qué bonito sería! Demasiado para ser cierto. En todo caso, compañeros carnales. ¡Eso sí! ¡Carnales, mamá!, porque todo lo que no es ayuntamiento carnal, como tú dirías, tan académica siempre, no les interesa. ¿Sentimientos? ¡Cero! ¡Compañero sentimental!... ¡Menudo engaño! ¿Qué tendrán que ver las churras con las merinas, el sexo con el sentimiento? ¿O sí?... ¿O todo es, en resumidas cuentas, lo mismo?

(Corte. Se vuelve a servir café y a tomárselo después de agitar convulsivamente la cucharilla.)

Según eso, yo no soy la compañera sentimental de Pepe, sino la coima de Pepe, la barragana de Pepe, la querida de Pepe, la manceba de Pepe, la mantenida de Pepe, bueno, eso menos, la ramera de Pepe, la querida de Pepe... *(Dicho esto en tono ascendente entre la pena y el reto.)* ¡Que no, que no me callo, mamá, y no chilles! ¡Sí, sí, la puta de Pepe o llámalo como se te antoje, pero gracias a él, y solo gracias a él, voy a sentarme en la catedral al lado de la Epístola. (Breve pausa. Cambiando de tono.)* Yo hubiera preferido la del Evangelio, donde se van a sentar todas las testas coronadas, pero en fin, algo es algo, porque ese bendito lado de la Epístola y pasar con Pepe por la alfombra roja, es mi consagración social, aunque no me case. *(Nuevamente chillando hacia la* *puerta.)* ¡Que te calles, mamá y no me interrumpas! ... Sí, de acuerdo, la barragana y la puta, pero a una altura, que tú, pese a tus encomiables esfuerzos y todo tu sacrosanto matrimonio, no pudiste lograr. *(Pausa.)* Ya sé que me reprochas que Pepe no se case pudiendo hacerlo, porque Pepe está divorciado, ¿o viudo? ¿o ambas cosas a la vez?... Nunca me acuerdo de cual es el verdadero estado civil de Pepe, pero lo que sí sé, es que está libre y que además, no tiene hijos. Entonces, ¿por qué no se casa Pepe? ¿Por qué no te casas, Pepe, hijo de la gran puta, si puedes, y además eres mayorcito?... Bueno, no te saldrá de los cataplines, no veo otra explicación, ¡qué le vamos a hacer, hay que admitir las cosas como vienen!, y si te digo la verdad, no me importa en absoluto. *(Nuevamente hacia la puerta.)* ¿Te enteras, mamá? ¡No me importa en absoluto que Pepe no se case! Estamos en una sociedad libre y yo puedo pasearme de su brazo por la alfombra roja, delante de todo el país, pese a ser su coima, su barragana, su querida y todo el *sursuncorda* que se te antoje. ¿Y todo por qué? Porque sé vivir y me sacudí de encima todas esas pamplinas, cosa que tú, perdona, nunca supiste. ¡Siempre del brazo de papá, que sí, reconozco, era bastante potable y elegante, mucho más guapo y más elegante que tú, pero con un sueldo relativamente modesto. Los dos, como dos vulgares burgueses, sacándonos de paseo y llevándonos la merienda al parque...; toda la vida quietecita, a su lado, esforzándoos, según tú, por sacarnos adelante, solo según tú, porque adelante, lo que se dice adelante, me ha sacado Pepe, como el matrimonio casi perfecto, que perfecto, lo que se dice perfecto, no debe haber ni uno. Pero ¡ya ves!, ¡a mí no me la das! Yo no creo que hayas estado tan enamorada de papá como decías, a pesar de lo guapo y de todos los etcéteras, como yo de Pepe. Vamos, ¡que no! Una librepensadora, una heterodoxa como tú no puede cumplir debidamente con su matrimonio, porque entre otras cosas, nunca creíste en el matrimonio. ¡Que te calles, mamá, y no me repliques! ¡No creíste! No lo decías porque quedaba mal y tú guardabas las apariencias, pero lo sé, lo intuyo, estoy segura. ¡No crees! (*Golpeándose el pecho en autoafirmación.*) ¡Yo sí, yo sí creo, aunque no esté casada, porque, entre otras cosas, soy mucho más conservadora que tú, lo que tú nunca serás ni aún muerta, y aunque te falte tan poco como te falta, que a estas alturas ya podías reflexionar!... Lo que te pido es que no sea hoy, ¿oíste? ¡Muérete cuando quieras, menos hoy, porque no pienso hacerte caso! ¡No empieces con tus monsergas y tus angustias! La vas a palmar, mamá, eso fijo, te pongas como te pongas, pero eso sí, después de la boda, de la boda, con mayúsculas. Hoy, prohibido morirse.

(*Corte. Vuelve sobre su arreglo para interrumpirlo cada dos por tres para dirigirse a la puerta.*)

¡Qué ibas a creer tú en el matrimonio! ¡Ni en el matrimonio ni en nada! Tu vida ha sido una gran mentira, una gran farsa.

¡Ya, ya verás ahora, cuando te presentes ante la justicia divina! Ahí, ahí, no valen disimulos, no hay trampa ni cartón. Nos presentamos desnudos, sin posibilidad de camuflaje.

¡Qué ibas a creer! ¿Por qué entonces tanto hablar de independencia, de espacios, de respeto a la labor de cada uno? Todo eso es una falacia, como todas las que me has largado. En el matrimonio no puede haber independencia, ni espacios, ni memeces. En el matrimonio, si de verdad crees en él y estás dispuesta a que dure, hay que joderse, mamá. Esa es la única regla, el sempiterno código, y todo lo que tú decías solo se dice cuando uno quiere seguir siendo la cabra que tira al monte. Tú, mamá, eras un estado dentro del estado del matrimonio, y en cuanto a estar enamorada de papá... ¡una higa!... *(Yendo hacia la puerta y asomándose por ella.)* ¿Por qué, entonces, estabas tan serena el día que se murió y los días siguientes?... Si le hubieras querido tanto, como te llenabas la boca, hubieras sido una viuda inconsolable, sin capacidad de reacción, paralizada por la pena, pero nada más lejos de ello. Te recompusiste enseguida y hasta volviste a estar guapa, según algunos, que guapa, lo que se dice guapa, nunca te vi. Tú eras la mujer fuerte, la Agustina de Aragón de la viudez, la entereza en persona, yo hasta diría, la alegría en persona, porque todo lo que no es desesperación, es alegría. «No me gustan los aspavientos ni los dramas», decías. Eso se dice muy bien, cuando no se quiere, cuando solo se quiere uno a sí mismo, ¡egoísta, que eres una egoísta!, pero a mí me pasa lo que a ti, yo me quedo sin Pepe, y ¡vaya!, me tiro al metro en la hora punta para mayor publicidad. Un suicidio entre democrático y chic. Tú, sin embargo, nunca te tirarías al metro, ni al tren, ni de un octavo piso... No, ahora ya sé que no, que no puedes moverte... Ahora habría que tirarte, sino antes, cuando estabas bien espabilada y coleando. De haber querido a papá como yo quiero a Pepe, no te habrían faltado ganas... Pero tú no. Siempre tan entera, tan impasible ante la desgracia, tan heroína sin par, como cuando se murieron los abuelos y ese hermano que querías tanto. Tú no. La pena, decías, se tiene que tratar con pudor. Todos los sentimientos deben tratarse con pudor. Muy bonitas palabras, sí, ¡pero mentira, todo mentira!, como casi toda tu vida. En el fondo, lo sé muy bien y aunque intentes disimularlo, eres una histérica y una desequilibrada, porque esa contención tuya también es patología, también es desequilibrio. ¡Que te calles, mamá, no chilles, que me rompes los tímpanos! ¿Ves como tengo razón y eres una histérica?

(*Corte. Coge nerviosamente la cajetilla, enciende un cigarrillo y empieza a dar vueltas como un animal enjaulado.*)

Recuerdo aquella faena que me hiciste... pero esta vez no, no me haces morder el anzuelo. Sabías la ilusión que tenía por aquel viaje... El invierno había sido larguísimo; no hizo más que llover y un frío... Tenía ese invierno metido en los huesos... Y tú sabiendo lo que necesitaba largarme al Mediterráneo a empaparme de sol, te pusiste enferma, haciendo gala de tu oportunidad habitual o de tu mala leche, que uno no sabe ya... Ya, ya sé que no te pusiste de pronto, estabas mala desde hacía tiempo, ¿o eras mala, mamá? No es lo mismo ser que estar, pero ¡bueno!, admitamos que ya estabas mala, enferma, quiero decir, eso dijeron los médicos. Tan enferma y tan mala, que ya no había nada que hacer. Pero yo no podía renunciar a aquel viaje después de ese interminable invierno y además me daban náuseas nada más entrar en aquel hospital y en aquella sección de desahuciados. No podía, mamá, créeme, me era imposible... Me pasó como aquella otra vez, cuando tenía diecisiete años y me habían invitado a aquel cumpleaños que me hacía tanta ilusión porque iba Rafa, ese chico de la pandilla parecido a Rock Hudson que me gustaba tanto, no como Pepe, no, tampoco hay que exagerar, pero me gustaba. El día anterior él me había dicho de una manera bastante insinuante, o a mí me lo pareció: «nos veremos mañana, porque irás, ¿no?» y ese mismo día, ese mismísimo día a ti se te ocurre ponerte con aquel fiebrón... Tú en cama, toda congestionada, papá trabajando, y Rafa esperándome... ¿Qué podía hacer? Pues marcharme. Te di una aspirina y me fui. No me lo reproches. Tú misma me lo decías: «sí, hija, vete, no te preocupes, ya estoy mejor», aunque quizás lo dijeras por decir, con voz de falsete, con rencor, con una hipocresía tan grande como la fiebre, para dejarme mal, como acostumbras, porque a ti siempre te gustó dejarme mal. (*Pausa. En tono más grave.*) En el hospital no te di ninguna aspirina, eso ya no te servía para nada, era el chocolate del loro; ni la aspirina ni ningún remedio al parecer, pero también me marché. ¿Qué podía hacer, si todo era inútil? ¿Para qué iba a esperar?... Y la verdad es que acerté. ¡Menudo si llego a quedarme! (*Breve pausa.*) Mientras duró el viaje, no te pasó nada... ni siquiera empeoraste gran cosa... Yo me decía «que no se muera ahora, que espere, que no se muera todavía, que pueda terminar sin complicación mis vacaciones... ¡por favor, las necesito tanto!». Y no te moriste aquellos días, es verdad. Hasta ahí, cumpliste. (*Acusadora y asomándose por la puerta.*) ¡Pero lo hiciste cuando pisé el aeropuerto, ¡nada más pisarlo, dios mío, te faltó tiempo! ¿No podías haber esperado a que llegara al hospital?... ¿Tanta prisa tenías en irte de este mundo? ¡Era cuestión de un par de horas, como mucho, y podías haberme evitado la mala conciencia, podías haberlo retrasado por mí, pero tú, con esa mala intención y esa oportunidad que te caracterizan, ni eso me ahorraste; egoísta, que eres una egoísta y querías vengarte y que se me atragantaran de por vida aquellas vacaciones!...

(Corte. Aplasta casi furiosamente lo que le queda del cigarrillo en el cenicero, y enciende otro. Ahora habla en un tono mucho más desenfadado.)

¿Pero qué estoy diciendo? ¡Qué te ibas a morir! ¡No tuve tanta suerte! Si te hubieras muerto aquella vez, no hubiera tenido que aguantarte todos estos años. Si de verdad te hubieras muerto, habría tenido mala conciencia, sí, lo reconozco; tú estuviste a mi lado en todas las enfermedades, que dicho sea de paso, fueron un montón, pero habríamos terminado de una vez, cruz y raya, y no que sigo mártir de tus lamentos y tus exigencias, ¡porque a exigente, no te gana nadie! ¡Bien me vas a hacer ganar la gloria, esa gloria en la que no crees! *(Breve pausa.)* Tu hijito del alma, ese que según todos te quiere mucho más que yo y que me mira como si yo fuera un monstruo de la naturaleza, estuvo contigo, de principio a fin, jodiéndose las vacaciones, con tu nuera, esa chica que también, según todos, te quiere más que yo, y que se atreve a mirarme con reproche de niña buena. La culpa la tuvo ese médico de pacotilla, que no se aclaraba ni a la de tres. (*Parodiando al médico.*) «Puede suceder de un moment o a otro, no lo niego, pero también alargarse...». ¡Y claro que se alargó! ¡Para qué contar la tabarra que me has seguido dando! Todo son ganas de fastidiar, de hacer teatro; a ti, mamá, siempre te gustó el teatro, y para mayor *inri* lo escribías, sin éxito, pero lo escribías, y te crees que todo es escena. ¡No, mamá! No estamos en escena, ni representando otra cosa que la vida, y por eso no me perdí el viaje como no pienso perderme la boda, te pongas como te pongas, ¿me oyes? (*Alzando la voz.*) ¡Te pongas como te pongas!...

(*Transición. Mirando el reloj y bajando el tono.*)

Y Pepe sin venir. ¿Qué demonios estará haciendo? (*Coge el teléfono y marca.*) Pepe, ¿pero dónde estás? Es tardísimo.

¿No te das cuenta de la hora? Lo dijeron bien claro: ahí a las diez. Tenemos el tiempo justo... Sí, yo ya estoy arreglada. Pintarme los labios nada más... ¿Que todavía?... ¿pero qué tienes que hacer aún?... ¿Es que no sabes lo que es la puntualidad? Siempre me haces lo mismo... ¡No, no imposible! ¡Vamos, que no! ¡No digas disparates, Pepe! ¿Cómo voy a ir a tu encuentro con este vestido, la pamela y estos zapatos que, a pesar de todos los pesares, me están matando... ¿Qué calles dices que están cortadas? ¡Ni que Madrid estuviera en estado de sitio!... Que no, Pepe, que no, que yo no me cojo según voy ningún autobús, y menos el metro, que no... ¿Y quién llega hasta allá en taxi, si todo está tan controlado como dices? Además, que no. Tenemos que entrar juntos, ¡juntos, Pepe!, me hace muchísima ilusión... no, no... Yo te espero aquí. De acuerdo. En el portal. Dentro de cinco minutos, ni uno más, si no, me pongo malísima. ¡Cinco! ¿Eh? ¡Ni siete, ni diez, ni un cuarto de hora como acostumbras, porque no llegamos! ¡Cinco! (*Cuelga.*) ¡Qué ideas más peregrinas tiene Pepe de vez en cuando! ¡Que vaya a su encuentro en un día como hoy con estas trazas! Lo de esperarle en el portal tampoco me gusta, de esta guisa puedo parecer una furcia esperando clientes, pero lo comprendo: aparcar en esta calle es toda una aventura. (*Se pinta los labios y se retoca el peinado. Vuelve a colocarse la pamela. Ensaya con el chal.*) La verdad es que el vestido me cae muy bien, ni pintado, gracias a que conservo el tipo a base de penitencias... Bueno, también influye la genética. Mira por dónde mamá, eso te lo tengo que agradecer, tú llegaste delgada hasta el final... La mayor parte de las pre y menopáusicas que conozco están como baúles, y es que las decepciones, ¡y hay que ver todas las que ya vamos acumulando!, las compensan comiendo. Las gorduras están en razón directamente proporcional a los fracasos, aunque no estoy tan segura: hay gordos geniales, y tú, mamá, te conservas delgada a pesar de tu fracaso. Sí, fracasaste, mamá, ¡claro que fracasaste! Querías haber sido Premio Nobel, lo menos, y ya ves en lo que te quedaste. Cuando te mueras, en una reseña de andar por casa, y a lo mejor, ni eso... (*Breve pausa. Mirándose el chal.*) El chal es un amor, y eso que me salió baratito. En los chales se puede meter más gato por liebre, y el bolso, (*Lo coge.*) es una monería, aunque un poco pequeño, ni siquiera me caben las gafas, y sin ellas me voy a quedar *in albis* de la ceremonia; claro que luego lo veré con todo detalle por televisión, que pienso grabarlo, no se me olvide... (*Coge una cinta y la introduce en el video. Programa.*) Ya está listo. Ahora por partida doble, y si salgo, cosa muy probable con lo conocido que es Pepe, lo veré tropecientas veces... (*Nuevamente en pie, vuelve a mirar el bolso.*) Sí, una monada y una ñoñería antipráctica. La verdad es que hay cosas para las mujeres bien absurdas, aquí no se puede meter nada...(*Se da los últimos retoques y se pone las joyas. Con mediana satisfacción.*) pero en fin, todo, todo bien, y los aderezos muy propios. Bisutería sí, pero buenísima. Para llevar perlitas de mierda o anillitos horteras, mejor bisutería, y además no me queda otro remedio. Pepe, por muy Pepe que sea y con el dineral que tiene, no ha sido capaz de regalarme ni un puto brillante...; tampoco puedo heredar ninguno, porque a ti, mamá, siempre tan rara, no te gustan las joyas. ¡Hasta en esto me fallaste! De haberte gustado, yo podría heredar ahora una bonita colección, como la que tiene mi amiga Marita, que luce como un ídolo, pero ni siquiera tuviste ese detalle.

Sí, mamá, para que te enteres: ¡a mí sí me gustan las joyas! Yo no soy como tú, que desprecias todo lo que de verdad da prestigio... Tú, haciendo alarde de esas ideas tan raras, decías que el prestigio es otra cosa. ¿Qué otra cosa, mamá? Pero está visto que mi futuro nunca te importó. *(Breve pausa.)* ¡En fin! ¡Qué le vamos a hacer! Las cosas son como son y habrá que pechar con la bisutería, apechugar con la mentira de la piedra. Otra más. Todo es una gran mentira, mamá, aunque sea piadosa. Como el tinte para quitarnos las canas, las lentillas, los dientes postizos, las sonrisas innecesarias, los deseos de agradar... ¡Todo mentira! Menos aquel hospital y aquel viaje fantasma. *(Esto último lo ha dicho con desaliento para enseguida reponerse. Con nuevos ánimos.)* A pesar de todo, ¡bien! ¡Todo bien, correcto! De diez. Lo de diez quizás sea exagerar un poco, pero ¡vaya!, más que pasable, lo justo para no desentonar entre todos esos bellezones aristocráticos... Bueno, lo de bellezones, no tanto, ¡hay cada espanto infiltrado en el Gotha! *(Se echa perfume. Vuelve a mirarse.)* ¡Lista! Me voy. ¿Oíste, mamá? No se te ocurra chillar ahora porque nadie te va a oír. Me voy a sentar en la catedral al lado de la Epístola; tú dirás que es mejor la del Evangelio, solo por quitar mérito, y todo gracias a Pepe, ese que no te gusta ni poco ni mucho, porque entre otras cosas no se casa. ¿Por qué no te casas, Pepe? Pero ¡ya ves!, aunque no se case, me invita a la boda del siglo, esa que tú, de vivir, no podrías ni oler. He dicho de vivir, porque aunque todavía estés presente, estás casi muerta, y eso, como decía aquel médico, puede suceder en cualquier momento. Menos hoy. Hoy, no, ¡oíste, mamá? (*Con rotundidad.*) ¡Hoy, no! Prohibido morirse o hacer teatro para chafarme la fiesta. Quietecita hasta cuando yo vuelva, que entre otras cosas, no sé cuando será. ¡Ni un ¡ay!

(*Después de haberse mirado al espejo con aire triunfal, sale. La escena quedará en silencio. Se oirá, tenuemente, el tic-tac de un reloj in crescendo hasta hacerse molesto. Al poco tiempo, la* Hija *vuelve a entrar. No tiene aspecto derrotado ni nada que se le parezca. Recorrerá la habitación estirada, como si estuviera desfilando y volverá a mirarse al espejo. Luego se sentará en la cama muy colocada, con la espalda muy recta, como si estuviera asistiendo a una importante ceremonia. Casi triunfal. Se diría que de verdad está donde dice estar.*)

¿Lo ves mamá? ¡En el lado de la Epístola!... ¿Te enteras, mamá? (*Pausa. Poco a poco se va aflojando, como si la realidad se fuera imponiendo.*) ¡Y Pepe sin venir!... Siempre se escabulle en los momentos claves y he tenido que hacer el paseíllo yo sola. Eso, el paseíllo como los toreros. La vida es un ruedo, aunque sea antitaurino. Torero y toro. ¿Cuál de los dos representa a la vida? ¿El torero engañando con la muleta o el toro embistiendo?... (*Pausa. Coge*

un cigarrillo y lo enciende.) ¡Y Pepe sin venir!...
(*Echando la primera bocanada de humo.*) ¡Y
luego pretende que no fume, con lo nerviosa
que me pone esperar!

(*Pausa larga. Se incorpora y enciende la televisión. Se oirán algunos comentarios sobre la comparecencia de algunos significados invitados a la boda del Príncipe de Asturias. La* Hija *se sigue aflojando. Todo su empaque anterior, se desvanece. Es como si se arrugara por dentro. Hace un mohín como si fuera a llorar. Quizás llore momentánea y discretamente; entre la reconvención y la entrega, el rencor y la aceptación.*)

Está visto, que no se puede contigo. Al final,
mamá, siempre te sales con la tuya.

(*Se irá haciendo lentamente el oscuro. Solo la puerta entreabierta quedará tenuemente iluminada.*)

Esta primera edición de *el contrato / la boda*,
de Carmen Resino, terminó de imprimirse
en octubre de dos mil veinticuatro,
en Madrid.